100円ショップで はじめての手芸

4 ねんどでつくる

ポプラ社

この本の見方

① おおよその作業時間をしめしているよ。

② むずかしさのレベルだよ。
★ は初級、★★ は中級、★★★ は上級。

最初はかんたんな作品からチャレンジしてみてもいいね！

③ 作り方の補足や注意するポイントを説明しているよ。

④ 作品に使う材料や道具を参考に、自分の好きな色の材料や使いやすい道具などを選んでね。

⑤ かんたんにできるアレンジのアイデアを紹介しているよ。

※1 作業時間には、ねんどや接着剤などをかわかす時間はふくまれていません。
※2 材料や道具は2024年6月時点の商品です。購入時期や商品により、100円ショップでは取りあつかいが終了している場合があります。

もくじ

おもな材料と道具

この本で使うものを紹介するね。100円ショップや手芸用品店などでそろえられるよ!

買いに行く前に家にあるかどうか確認してね。

● ねんど
石粉ねんど、蓄光ねんど、樹脂ねんど、軽量樹脂ねんど、ホイップねんどを使う。

● ねんど板
机をよごさないために使う。

● ヘラ
ねんどを切り分けたり、もようをつけたりするときに使う。

● のし棒
のべ棒ともいう。ねんどを平たく板状にのばすときに使う。

● 絵の具
水彩絵の具とアクリル絵の具を使う。

> アクリル絵の具は、水彩絵の具と同じように、水でといて使うよ。

● パレット
水彩絵の具はプラスチック製、アクリル絵の具は紙パレットやよごれが落としやすい陶磁器製の絵皿などが便利。

> アクリル絵の具は、かわくと水であらってもなかなか落ちないよ。よごれが気になる人は、スーパーの食品トレーなどを使ってもいいね。

● 筆
平筆と丸筆を使う。

> 広い面をぬるときは平筆、細かいところをぬるときは細い丸筆を使うよ。

● クッキングシート
料理のときやおかしを焼くときに使う紙。この本ではねんどをかわかすときに使う。

● 食品用ラップフィルム
この本ではねんどをつつむために使う。

● ジッパーつき食品保存袋
この本ではねんどを保存するために使う。

● くるみボタンパーツ
布などでくるむボタンの部品。

> まんまるボタン(8ページ)作りに使うよ。

● 工作用水性ニス
きずやよごれをつきにくくしたり、ねんどにつやを出したりするために使う。

● やすり
スポンジやすりを使う。

> かわいたねんどの角を、なめらかにするためにやすりを使うよ。

● 接着剤
金属やプラスチック用、木や布用など、さまざまな種類があるので、用途によって使い分ける。

● ヒートン
物をぶら下げるために使う金具。先がねじになっている。

● カニカン
キーホルダーをつなぐときなどに使う。

● キーホルダー
かぎをまとめる金具。

● T ピン
ビーズなどの穴にさしこんで金具をつなぐときなどに使う。

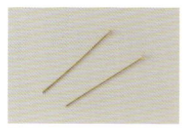

● 丸カン
金具をつなぐための部品。

● ビーズ
材質や大きさ、色や形がちがうさまざまなものがある。

やっとこ

平やっとこと、丸やっとこがある。

平やっとこ　丸やっとこ

平やっとこは刃先の内側が平らで、金具の閉じ開きなどに使う。丸やっとこは刃先が丸く、金具を曲げるときなどに使うよ。

丸皿つきのヘアゴム

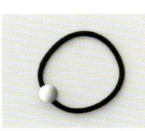

丸皿の部分に接着剤などでものをはりつけることができる。

ブローチピン

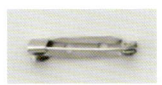

ブローチを作るための部品。

定規

材料のサイズをはかったり、印をつける位置をはかったりするときに使う。

とうめいの方眼定規がおすすめ！

ピンセット

小さなものをつまむときなどに使う。

手芸用ハンドドリル

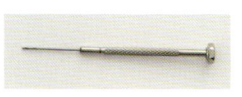

ねんどに穴を開けるために使う。

計量スプーン

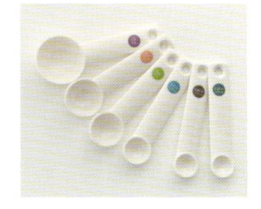

料理をするとき調味料などの量をはかるために使う道具。この本ではねんどの量をはかるために使う。

家の計量スプーンを使うときは、ねんどをはかるために使っていいか、大人に聞いてからにしよう。

材料や道具の使い方

始める前に知っておこう！

準備　準備をしてから始めると作業がスムーズに進み、終わったあと片づけやそうじがしやすい。

いらない紙などをしく。

必要な分だけねんどを出し、残りはかんそうしないよう保存する。使うねんどをよくこねる。

こねるとのびがよくなり、ひびわれしにくくなるよ。ねんどがパサつくようなら、水を少し足しながらこねてね。

水を用意する。

使う道具を、あらかじめ使いやすい位置に配置する。

ぬらした布など、手をふくものを置く。

ねんどの保存の仕方

ねんどはすぐにかんそうするので、開けたら食品用ラップフィルムでつつみ、早めに使う。

1 ねんどは使う分だけ取り出し、使わない分は食品用ラップフィルムでつつむ。

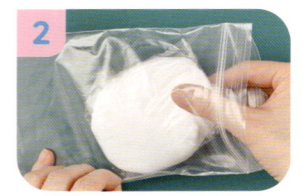

2 ジッパーつき食品保存袋に入れる。

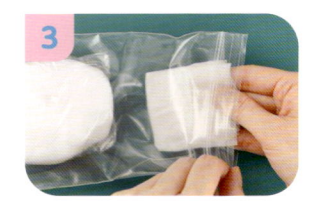

3 ぬらしたティッシュペーパーなどを入れる。

4 できるだけ中の空気をぬき、日の当たらないすずしいところに保管する。

はさみの使い方

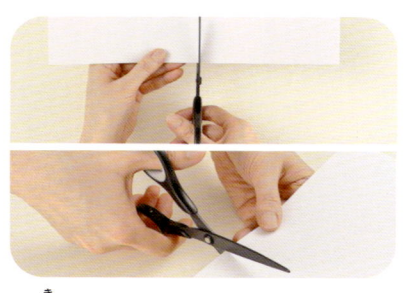

切る

はさみを、紙に対して垂直に立てて、刃をねかせないようにしながら、刃の奥をしっかり使って切る。

曲がった部分を切る

はさみを動かさず、紙を動かして切る。

ふくとき、けがをしないように十分注意してね。

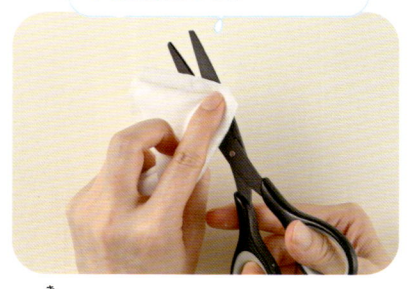

切ったあと

テープや接着剤がついたところを切ったあとは、ウエットティッシュでふき取る。

型紙の作り方いろいろ

2つの方法を紹介するよ。

古くなったクリアファイルを使ってね。クリアファイルでなくても、とうめいで切りやすい、うすいプラスチックならなんでもいいよ！

コピーした型紙を使う

1 型紙をコピーする。

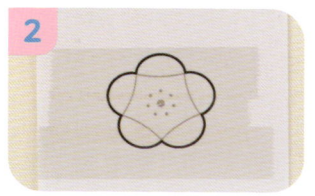

2 ❶の表と裏、両面にセロハンテープをはり、はさみで切る。

クリアファイルを使う

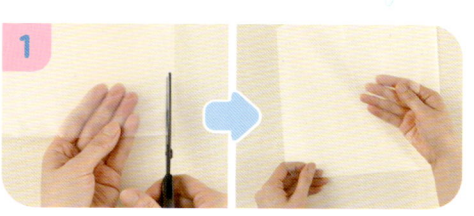

1 クリアファイルのはしを切って、広げる。

2 型紙の上にクリアファイルを置き、油性ペンで型をなぞったら、線にそって切る。

平やっとこの使い方　丸カンと金具のつけ方を紹介するよ。

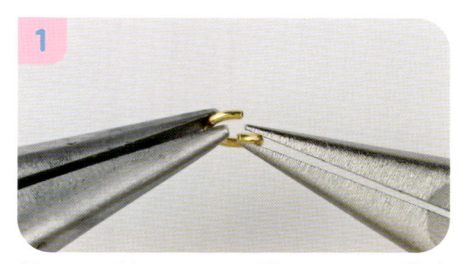

1 丸カンを平やっとこ2本ではさみ、前後にひねってすきまを作り、つけたい金具に通す。

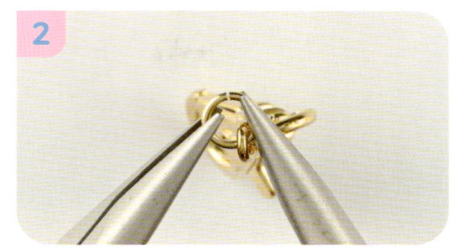

2 金具に通したら、丸カンを平やっとこ2本ではさみ、もとの位置にもどすようにして閉じ、すきまをなくす。

少しやりにくいけど、平やっとこと丸やっとこでも丸カンの開閉はできるよ。その場合は、丸やっとこで丸カンをおさえながら、きき手に平やっとこを持って、丸カンを開閉してね。

計量スプーンの使い方　よく使うサイズを紹介するよ。

■ 大きさの目安にする　写真のようにねんどをすりきりにするよ。

5mL（小さじ1）
丸めると直径2cmほどの球になる。

2.5mL（小さじ1/2）
丸めると直径1.7cmほどの球になる。

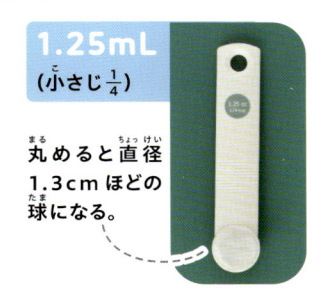

1.25mL（小さじ1/4）
丸めると直径1.3cmほどの球になる。

すべての大きさの計量スプーンがあったら便利だけど、なければ5mLだけでもだいじょうぶ！2.5mLは5mLの半分、1.25mLは1/4だよ。だから、5mLではかって半分にしたり、4等分したりすればいいよね。

アクリル絵の具の使い方

筆やパレットは、アクリル絵の具がかわく前にふき取ってね。かわくとなかなか落ちないよ。

■ 色をまぜるときは、使いたい量より少し多めに色を作る

色をまぜて作った絵の具が足りなくなると、また同じ色を作れず、ぬるとむらになることがある。アクリル絵の具は、かわきが早いので、色をまぜるときは少し多めに作っておくとよい。

■ あまり水をふくませない

水をつけすぎると、ねんどがベタベタになったり、むらになったりするよ。

ねんどにぬるときは、筆を水でぬらしたあと、布などで軽く水気を取ってから絵の具をつける。水でうすめすぎるとむらになりやすい。

まんまるボタン

エプロンやタオルなどにつけたら
かわいいアクセントになるよ！

材料・道具

○ 型紙（37ページ） ○ ねんど…石粉ねんど ○ 絵の具…アクリル絵の具（赤、白、黄色、茶色、青） ○ くるみボタンパーツ…裏側の部品1個 ○ ねんど板 ○ のし棒 ○ ヘラ ○ つまようじ ○ パレット ○ 筆…平筆と細い丸筆 ○ クッキングシート ○ ニス…工作用水性ニス

作り方

> 切りぬいた型紙のまわりのねんどは、かわかないよう保存してね。

> くるみボタンはふつう表と裏の部品を2つ1組で使うけど、この作品では写真のように裏側になる部品を1個だけ使うよ。

1 のし棒で、約2mmの厚さにねんどをのばし、型紙をのせてヘラで丸く切りぬく。

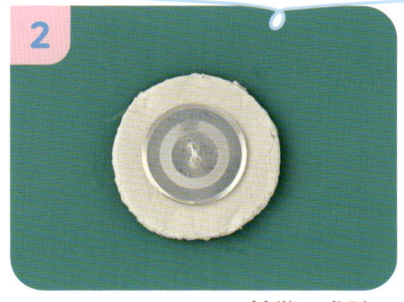

2 くるみボタンパーツの裏側の部品を**1**の上に置く。

3 糸を通す部分が外に出るように、ねんどでつつむ。表面はなめらかになるよう整える。

4 右の図を参考にもようをつける。

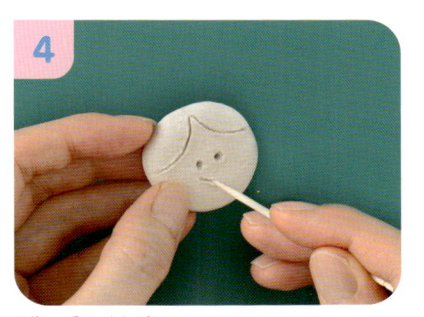

図 つまようじの頭で軽くおす。

つまようじの先でみぞをつける。

顔は赤・白・黄色、髪は茶色と少量の青、ほおは赤と白の絵の具をまぜる。目と口は茶色の絵の具。

> 数時間から半日おきにひっくり返しながらかわかしてね。

5 **4**をクッキングシートの上に置き、1日～3日かわかす。

> みぞは、細い丸筆で絵の具を置くようにするとうまくぬれるよ！

6 平筆や細い丸筆で顔、口、ほお、髪、目の順にぬる。髪とほおは、絵の具を少し多めの水でうすめてぬる。

> ニスが手につかないよう、1か所ずつよくかわかしてね。

7 平筆で表面と裏面、側面の3か所に分けてニスをぬり、数時間～半日かわかす。これを3回くり返す。

できた！

13ページにボタンのアレンジがあるよ。作ってみてね！

花のヘアゴム

ふっくらした花のヘアゴム。ヘアスタイルの
すてきなアクセントになるよ!

10

材料・道具

○ 型紙（37ページ）　○ ねんど…石粉ねんど　○ 絵の具…アクリル絵の具（白、赤）　○ ビーズ…直径約2mmのシードビーズ1個　○ ヘアゴム…丸皿つき　○ ねんど板　○ わりばし　○ のし棒　○ つまようじ　○ ヘラ　○ パレット　○ 筆…平筆と細い丸筆　○ クッキングシート　○ やすり…スポンジやすり　○ ニス…工作用水性ニス　○ 接着剤…素材に合わせたもの　○ 食品用ラップフィルム

作り方

1

わりばしを写真のようにならべる。わりばしのあいだにねんどを置き、のし棒でのばす。

残ったねんどは、あとで使うよ。食品用ラップフィルムでつつんでおこう。

2

のばしたねんどの上に、型紙をのせ、つまようじで軽くなぞって線をつける。

3

型紙をはずし、つまようじの線にそってヘラで切りぬく。

指先でなでるようにするとつるんと、なめらかになるよ！

4

指先に少し水をつけながら、切りぬいたねんどのふちを軽く整える。

5

切りぬいたねんどの表面に、少し水をつけ、花びらの形に丸めたねんどをもる。

6

もったねんどがなじむように、つまようじで軽くならす。

7

表面がなめらかになるように、指先に少し水をつけ、なでるようにして整える。

8

右の図を参考に、つまようじでもようをつける。

図

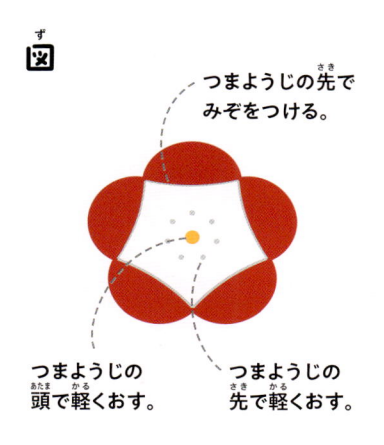

つまようじの先でみぞをつける。

つまようじの頭で軽くおす。

つまようじの先で軽くおす。

9

数時間から半日おきに
ひっくり返しながらかわかしてね。

ねんどをクッキングシートの上に置
き、1日〜3日かわかす。

10

よくかわかしたら、表面や側面をな
めらかになるまで、やすりで整える。

11

こくしっかり
色をつけてね。

平筆や細い丸筆で色をつける。うす
い色（白）からぬり、表面がかわいた
ら、こい色（赤）をぬる。

12

つまようじの先で真ん中のもように
接着剤をぬる。

13

ビーズをはめこむ。

14

ニスが手につかないよう、
1か所ずつよくかわかしてね。

平筆で表面と裏面、側面の3か所に
分けてニスをぬり、数時間〜半日か
わかす。これを3回くり返す。

15

ヘアゴムの丸皿に接着剤をぬり、ね
んどにくっつける。

できた！

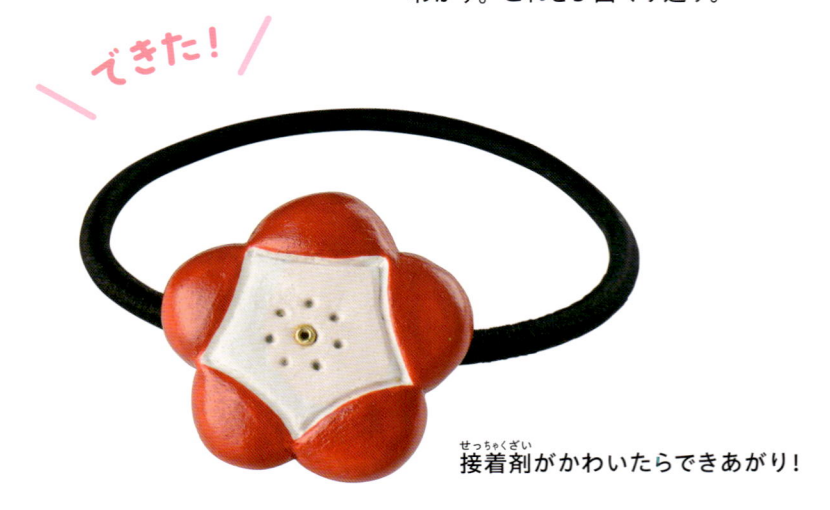

接着剤がかわいたらできあがり！

アレンジ で へんしん！　花のパッチンピン

形や色、もようを変えてヘアピンを作ってみよう！

材料・道具　◎ 型紙（37ページ）　◎ 花のヘアゴムと同じ（アクリル絵の具は、青・黄色 を使う。ビーズとヘアゴムは不要）　◎ ヘアピン　◎ フェルト…直径1.5cmの円形　◎ ストロー

1 型紙を使って、花のヘアゴム❶〜❿、⓮と同じように花を作る。色ともようは、右の図を参考にする。

図　つまようじの頭で軽くおす。
ストローで軽くおす。

2 ❶の裏に、丸く切ったフェルトを接着剤でつけ、よくかわかす。

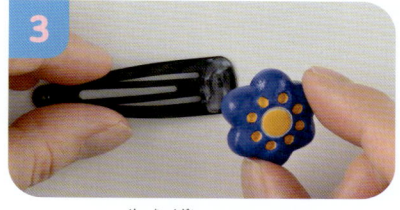

3 ヘアピンに接着剤をつけ、❷をはりつける。

できた！
接着剤がかわいたら、花のパッチンピンのできあがり！

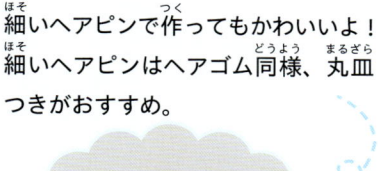

細いヘアピンで作ってもかわいいよ！細いヘアピンはヘアゴム同様、丸皿つきがおすすめ。

まんまるボタン（8ページ）に、身近なものでもようをつけてみよう！

アレンジ で へんしん！　キャップとわりばしもようのボタン

材料・道具　◎ まんまるボタンと同じ（キャップもようは緑と、赤・白をまぜたアクリル絵の具、わりばしもようは黄色のアクリル絵の具を使う）　◎ ペットボトルのキャップ　◎ わりばし

キャップもよう
まんまるボタンの❶〜❸まで作る。写真のように、ペットボトルのキャプの側面を転がしてもようをつける。

わりばしもよう
まんまるボタンの❶〜❸まで作る。わりばしの頭をねんどにおしつけ、もようをつける。

できた！
まんまるボタンと同じように、色をつけて、ニスをぬり、かわいたらできあがり！

トリのはし置き

かわいいはし置きがあったら
毎日の食事が
もっと楽しくなるかも！

材料・道具

- 型紙（37ページ）
- ねんど…石粉ねんど
- 絵の具…アクリル絵の具（青、緑、黄色、白）
- ねんど板
- わりばし
- のし棒
- つまようじ
- ヘラ
- パレット
- 筆…平筆と細い丸筆
- クッキングシート
- やすり…スポンジやすり
- ニス…水性ウレタンニス（食器に使える食品衛生法に適合したもの）
- 食品用ラップフィルム

1

残ったねんどは、あとで使うよ。
食品用ラップフィルムで
つつんでおこう。

花のヘアゴム（10ページ）の**①**〜**④**と同じ手順で、ねんどをトリの形にする。

2

おはしが転がらないようにするため、真ん中はねんどをもらないよ。

①の表面に少し水をつけ、羽の形に丸めたねんどを、上下の羽の部分にもる。

3

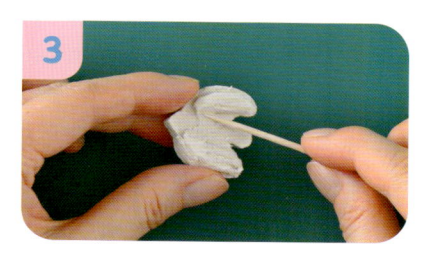

もったねんどがなじむように、つまようじで軽くならす。

4

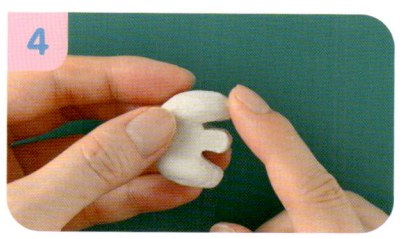

表面がなめらかになるように、指先に少し水をつけ、なでるようにして整える。

5

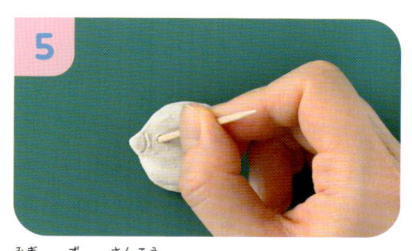

右の図を参考に、つまようじでもようをつける。

図

つまようじの頭で軽くおす。

つまようじの先でみぞをつける。

6

数時間から半日おきにひっくり返しながらかわかしてね。

ねんどをクッキングシートの上に置き、1日〜3日かわかす。

7

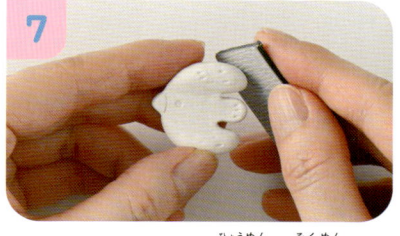

よくかわかしたら、表面や側面をなめらかになるまで、やすりで整える。

8

1色ずつよくかわかして、こくしっかり色をつけてね。

平筆や細い丸筆で色をつける。くちばし、体（青に少量の緑をまぜる。側面は色をつけない）、目ともようの順に色をつける。

9

ニスが手につかないよう、1か所ずつよくかわかしてね。

平筆で表面と裏面、側面の3か所に分けてニスをぬり、数時間〜半日かわかす。これを3回くり返す。

できた！

家族みんなの分を作ってみてね！

色ちがいで作っても楽しいね♪

15

光る雲のお守り
キーホルダー

暗いところで光るから、
楽しいお守りになるよ。

作り方

のし棒で、約1cmの厚さにねんどをのばす。

> 切りぬいた型紙のまわりのねんどは、かわかないよう保存してね。

のばしたねんどの上に、型紙をのせ、つまようじで軽くなぞって線をつける。

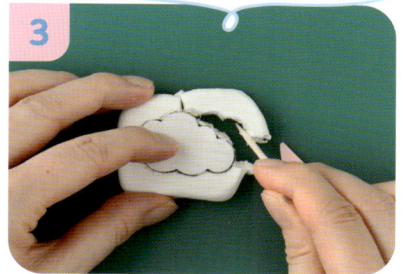

線にそって、つまようじで切りぬく。

> 蓄光ねんどはかわきやすいので、指先に水をつけながら、ぽんぽんとおさえるようにするといいよ。

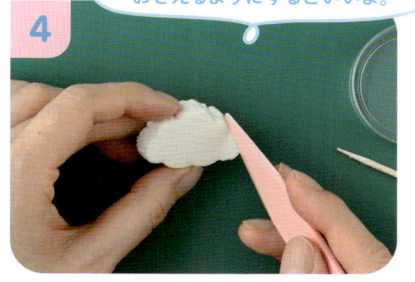

切りぬいたねんどのふちをヘラや指先で整える。

つまようじで、ねんどの上と下に深さ約2mmの穴を開ける。

> ねんどは形がくずれないよう、そっと持ってね！

上下の穴に、ヒートンをうめこむ。

> 数時間から半日おきにひっくり返しながらかわかしてね。

ねんどをクッキングシートの上に置き、1日～3日かわかす。

> ニスが手につかないよう、1か所ずつよくかわかしてね。

平筆で表面と裏面、側面の3か所に分けてニスをぬり、数時間～半日かわかす。これを3回くり返す。

> 作業がむずかしいときは無理せず大人にやってもらおう！

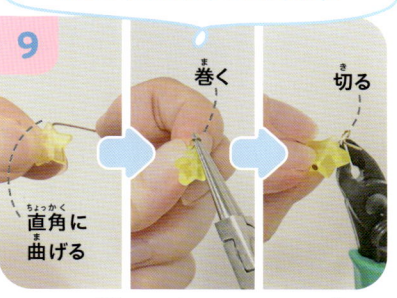

巻く　切る

直角に曲げる

ビーズに通したＴピンをおり曲げ、丸やっとこではさみ、そのまま刃先に巻きつける。余分なＴピンをニッパーで切り、丸やっとこで形を整える。

平やっとこの使い方（7ページ）を見てね。

10

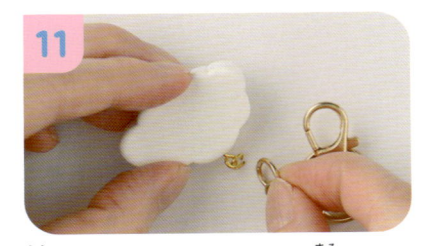

11

でき**た！**

平やっとこで丸カンを広げ、**9**につけてから、**8**の下のほうのヒートンにつなげて、丸カンを閉じる。

上につけたヒートンにも、丸カンをつけ、キーホルダーをつなげてから、平やっとこで丸カンを閉じる。

暗いところで光る
雲のお守りキーホルダーの
できあがり！

Arrange
アレンジ で へんしん！　光る雲のブローチ

光るブローチも作っちゃおう！

材料・道具　◯ 光る雲のお守りキーホルダー（16ページ）と同じ（キーホルダーは不要）　◯ フェルト
◯ ブローチピン　◯ 接着剤…素材に合わせたもの

1

2

3

上のヒートンはつけず、光る雲のお守りキーホルダーの**10**まで作る。

1に、たて0.8cm、横2.5cmに切ったフェルトを、接着剤でつける。

フェルトに接着剤をつけて、ブローチピンをはりつける。

でき**た！**

接着剤がかわいたら
できあがり！

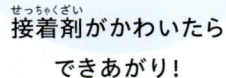

暗くすると…

青く光った！

クッキーやねんどの型でぬくだけで、クリスマスやたんじょう日などのかざりになるよ♪

レースリボンを使っているよ。穴はストローで開けてね。

ちょうちょ結びをしたリボンをつけて、手ぬい糸にビーズを通しているよ。

アルファベットのクッキーの型で文字をぬいて、裏にフェルトをはりつけているよ。型紙（38ページ）を作ってねんどを切りぬけば、大きなアルファベットを作ることもできるよ。

リボンにビーズを通しているよ。穴はストローで開けてね。

穴を開けずにレースリボンを、直接ねんどに接着剤ではりつけているよ。

暗くすると…

光る色がちがう!?

アルファベットのプレートは、雲のお守りキーホルダーと同じ、青に光る蓄光ねんどで作ったよ。

星とハートは緑に光る蓄光ねんどで作ったよ。

ドーナツ

かわいいのにとってもかんたん♪
本物そっくりのドーナツが作れるよ！

材料・道具

○ ねんど…軽量樹脂ねんど　○ 絵の具…水彩絵の具（おうど色、茶色、黒）　○ かざり…ドーナツのトッピングにするもの（写真はアクセサリー制作用のカラーチョコスプレーを使用）　○ ねんど板　○ 計量スプーン…5mL　○ つまようじ　○ 歯ブラシ　○ ストロー…円の直径6mm　○ わりばし　○ 両面テープ　○ パレット　○ 筆…平筆　○ 木工用ボンド…絵の具にまぜて使う　○ ピンセット　○ クッキングシート

作り方

1

計量スプーン5mLのねんどに、おうど色の絵の具を少しまぜ、よくこねて丸める。

2

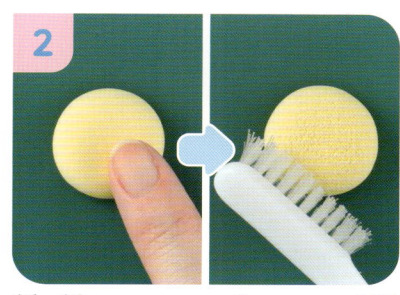

指で軽くおしたら、歯ブラシで左右に軽く動かすようにこすり、表面にドーナツの質感をつける。

3

> 数時間から半日おきにひっくり返しながらかわかしてね。

ストローで、中心に穴を開けたら、クッキングシートの上に置き、約2日かわかす。

4

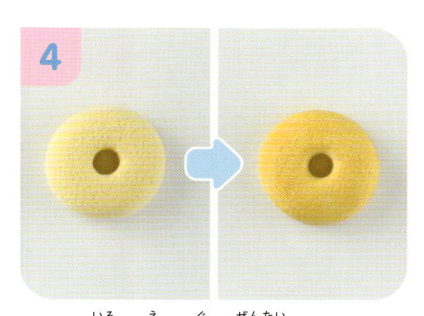

おうど色の絵の具で全体をぬってかわかしてから、茶色で、上の面を中心に重ねぬりする。

5

わりばしに両面テープをはり、ドーナツを固定する。

6

> チョコレートソースを作るよ！

木工用ボンドに、茶色と黒の絵の具を入れてよくまぜる。

7

つまようじで、**5**に**6**のチョコレートソースをぬる。

8

> チョコレートソースがかわく前に、かざりのトッピングをのせるよ。トッピングが大きいときは、はさみで切ってね。

ピンセットでかざりをのせる。約1日かわかしたら、わりばしから外す。

＼ できた！ ／

かわいたらできあがり！
絵の具の色やかざりを変えて、いろいろなドーナツを作ってね！

マカロン

色とりどりのマカロン。
何色のマカロンが好き？
好きな色で作ってみよう！

材料・道具

○ ねんど…軽量樹脂ねんど（本体）、ホイップねんど（クリーム） ○ 絵の具…水彩絵の具（好きな色） ○ ねんど板 ○ 計量スプーン…5mL、2.5mL、1.25mL ○ つまようじ ○ 定規 ○ わりばし ○ 両面テープ ○ クッキングシート ○ 食品用ラップフィルム

作り方

写真は赤の絵の具を使っているよ。

残ったねんどは、あとで使うよ。食品用ラップフィルムでつつんでおこう。

1

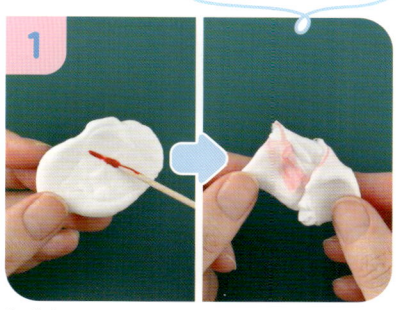

計量スプーン5mLと1.25mLのねんどを合わせた6.25mLのねんどに、絵の具をほんの少しまぜ、よくこねる。

2

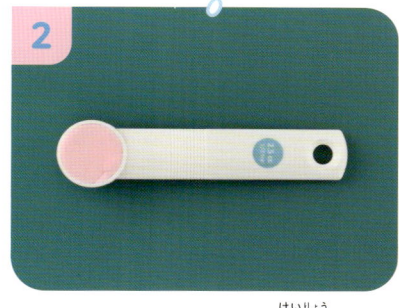

❶のねんどを、2.5mLの計量スプーンで取る。

3

❷を丸める。

分けたねんどは、あとで使うよ。食品用ラップフィルムでつつんでおこう。

4

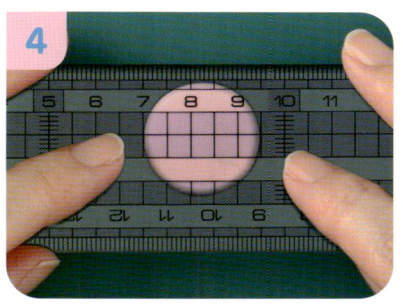

定規でおして、直径2.5cmの円形にし、ふちをマカロンの丸みが出るように整える。

5

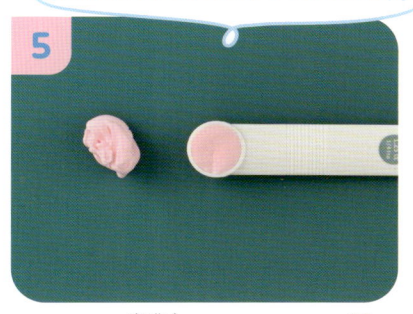

1.25mLの計量スプーンで❷で残ったねんどを取り、それを半分に分けて丸める。

6

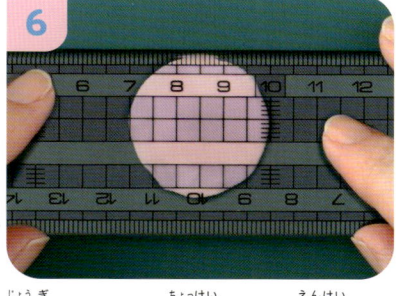

定規でおして、直径3cmの円形にする。

数時間から半日おきにひっくり返しながらかわかしてね。

7

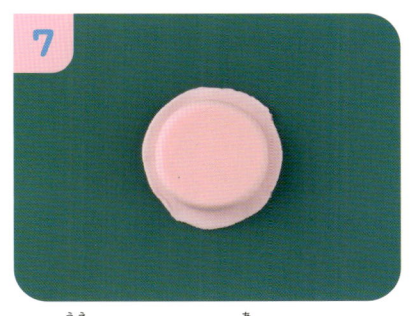

❻の上に、❹をはり合わせるように重ねる。

8

ピエ

つまようじで、ねんどのふちを軽くおし、中心へよせるようにして、マカロンのピエを作る。

9

❷と❺の残りのねんどで、同じものを作り、クッキングシートの上に置き、約2日かわかす。

10 両面テープをはったわりばしに、**9**のマカロンを1つ、裏返しに固定し、ホイップねんどをしぼる。

11 **10**の上に、もう1つのマカロンを重ねて約半日かわかす。

わりばしから外したらできあがり！

色を変えて…

カラフルマカロン！

青の水彩絵の具を少しまぜるよ。

黄色と赤の水彩絵の具を少しまぜるよ。

赤と青の水彩絵の具を少しまぜるよ。

黄色と青の水彩絵の具を少しまぜるよ。

ホイップねんど使い方いろいろ

フレームやプレートにしぼる使い方の例！ 写真のフレームやプレートは接着剤でレースをはったり、絵の具で色をつけたりしているよ。

フレームに、接着剤をつけてから、その上にホイップねんどをしぼっているよ。いろいろなしぼり方で作ってみてね！

コピーしたアルファベットの型紙（38ページ）を、切らずにそのままクリアファイルにはさみ、クリアファイルの上からアルファベットの型紙にそって、ホイップねんどをしぼりそのままかわかすよ。接着剤でプレートにはれば、ルームプレートのできあがり！

アレンジで へんしん！　リボンマカロン

マカロンに好きな色の
リボンをつけてみよう！

材料・道具
◎ マカロン（22ページ）と同じ（水彩絵の具は青）　◎ リボン…幅3mm　◎ はさみ
◎ 接着剤…木工用ボンド

1

絵の具の色を変えてマカロンの❿まで作る。

2

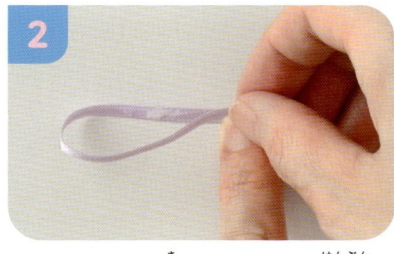

10〜12cmに切ったリボンを半分におり、その真ん中に接着剤をつけてくっつける。

3

ホイップねんどの上にのせる。

かわいたら、
わりばしから外してね。

4

マカロンの⓫と同じように、もう1つのマカロンを重ねたら、約半日かわかす。

5

リボンの輪になったところに、新しい別のリボンを通してちょうちょ結びをする。

6

左右同じ長さになるように、リボンのはしを切る。

できた！

リボンマカロンのできあがり！

ボールチェーンを
つけてもいいね！

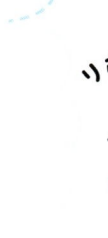

3連マカロンになった！

リボンを長くして
マカロンを
つなげたら…

ケーキ

スポンジを作って、クリームをはさんで、
生クリームの上に果物をトッピング♪
本物のケーキ作りみたいに楽しめるよ！

材料・道具

○ ねんど…軽量樹脂ねんど（スポンジとクリーム）、樹脂ねんど（イチゴとブルーベリー）、ホイップねんど（ホイップクリーム）　○ 絵の具…水彩絵の具（おうど色、赤、青、白）　○ はさみ　○ 紙パック…200mLのものが使いやすい。なければ、古くなったクリアファイルを使ってもよい　○ セロハンテープ　○ 油性ペン　○ ねんど板　○ 計量スプーン…15mL、5mL、1.25mL　○ 歯ブラシ　○ 定規　○ つまようじ　○ パレット　○ 筆…平筆　○ 両面テープ　○ わりばし　○ ニス…工作用水性ニス　○ 食品用ラップフィルム　○ クッキングシート　○ ピンセット

作り方

まずは、ケーキの型を作るよ！

1

紙パックを切って広げる。

2
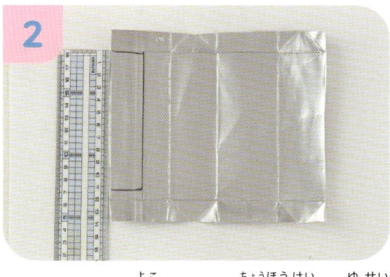
たて11cm、横2cmの長方形を油性ペンでかき、はさみで切る。長方形の上から1.5cmのところに印をつける。

セロハンテープは、型の内側と外側、両方にはってね。

3

はしの1.5cm分が重なるように長方形を丸め、セロハンテープではって、直径3cmの丸い型にする。

軽量樹脂ねんどでスポンジを作るよ！分けたねんどは食品用ラップフィルムでつつんでおこう。

4

計量スプーン15mLのねんどに、おうど色の絵の具を少しまぜよくこねて、5mLずつ3つに分けて丸める。

5
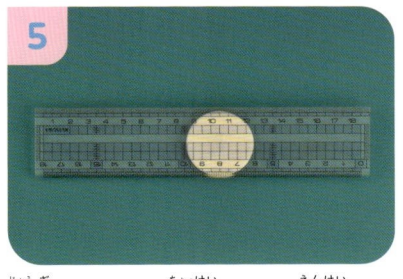
定規でおして、直径4cmの円形にする。同じものを全部で3枚作る。

型でぬいたら食品用ラップフィルムでつつんでおこう。

6

5をすべて**3**の型でぬく。

クリームも軽量樹脂ねんどを使ってね。

7
スポンジ

クリーム
計量スプーン5mLのねんどを2つ用意して、**4**〜**6**のスポンジと同じように、クリームを2枚作る。

転がすと、写真のようにねんど同士がくっついて、形もきれいに整うよ！

8
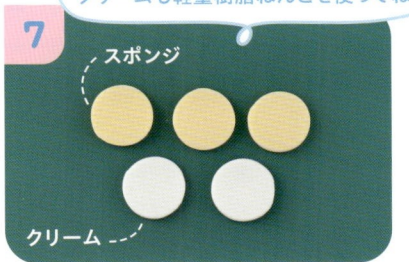
スポンジとクリームを、順番に重ねたら、横にたおして定規で軽く転がす。

数時間から半日おきにひっくり返しながらかわかしてね。

9
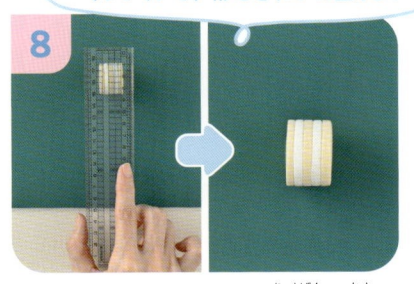
側面をケーキの質感を出すように歯ブラシでこする。クッキングシートの上に置き、約2日かわかす。

10

樹脂ねんどでイチゴを作るよ！分けたねんどは食品用ラップフィルムでつつんでおこう。

計量スプーン1.25mLのねんどを半分にして、片方に赤の絵の具をまぜ、よくこねて丸める。

11

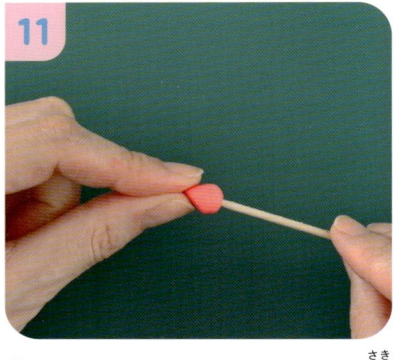

⓾をつまようじにさし、ねんどの先を指でつまんで、イチゴの形になるように整える。

12

発泡スチロールなどにつまようじをさしてかわかしてもいいね。

別のつまようじの先で、イチゴを軽くさし、イチゴのつぶをかく。そのまま立てかけて約2日かわかす。

13

ブルーベリーを作るよ！

⓾で半分に分けた、もう1つのねんどに、赤と青の絵の具をまぜ、よくこねて丸める。

14

数時間から半日おきにひっくり返しながらかわかしてね。

つまようじの頭で、真ん中にくぼみをつけ、クッキングシートの上に置き、約2日かわかす。

15

イチゴにニスをぬり、約1日かわかす。

16

両面テープをはったわりばしに、ブルーベリーを固定し、ニスをぬる。⓯と同じく約1日かわかしたら、わりばしから外す。

17

両面テープをはったわりばしに、❾のケーキを固定する。ニスに、赤と白の絵の具を少しまぜ、ケーキの真ん中にのせる。

18

真ん中から円をえがくように、むらなくぬり広げる。約1日かわかしたら、わりばしから外す。

しぼる練習をしてからやってね。
いきなりやると失敗するかも。

19

ホイップねんどをケーキにしぼる。

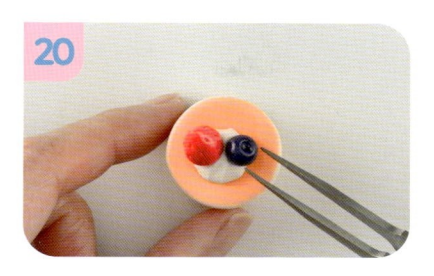

20

ピンセットでイチゴとブルーベリーを
のせる。

\ できた！ /

約半日
かわかしたら
できあがり！

Arrange

アレンジ で へんしん！　ケーキのキーホルダー

金具をつければキーホルダーになるよ！

材料・道具　◎ ケーキ（26ページ）と同じ　◎ ヒートン　◎ キーホルダー…チェーンつきのもの　◎ カニカン　◎ やっとこ…平やっとこ2本　◎ ハンドドリル…手芸用　◎ 接着剤…素材に合わせたもの

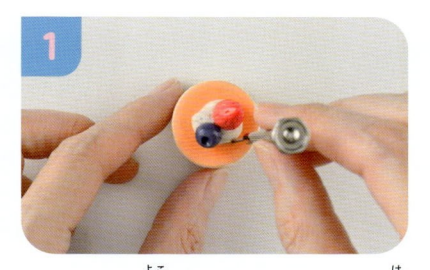

1

クリームの横に、ハンドドリルの刃
を垂直に当てて、くるくる回して穴
を開ける。

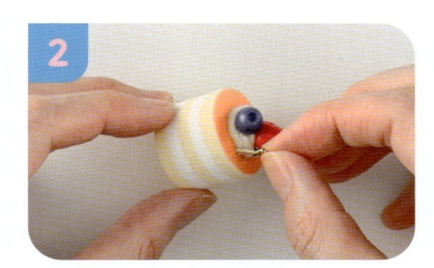

2

接着剤をつけたヒートンを穴にさし
こむ。

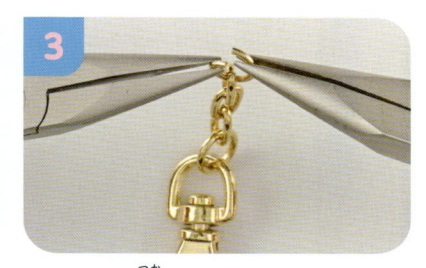

3

やっとこを使って、キーホルダーにつ
いている丸カンを広げる。

4

開いた丸カンに、カニカンを入れた
ら、やっとこを使って丸カンを閉じる。

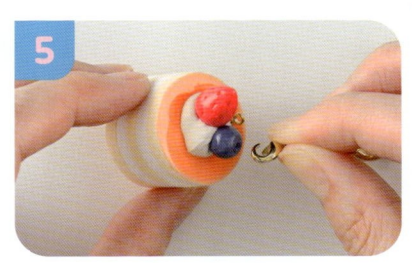

5

カニカンを開いて、ヒートンにキー
ホルダーをつける。

\ できた！ /

ケーキのキーホルダーの
できあがり！

焼き立てパン

メロンパン、チョココロネ、シナモンロール！
こうばしくてあまい、
焼き立てのパンのかおりがしてきそうだね。

30

メロンパン
材料・道具

- ● ねんど…軽量樹脂ねんど
- ● 絵の具…水彩絵の具（おうど色、茶色、 白）
- ● ベビーパウダー
- ○ ねんど板
- ○ 計量スプーン…5 mL
- ○ つまようじ
- ○ 歯ブラシ
- ○ ヘラ
- ○ パレット
- ○ 筆…平筆
- ○ クッキングシート

作り方

1 計量スプーン5 mLのねんどに、おうど色の絵の具を少しまぜ、よくこねて丸める。

2 指で軽くつぶすようにして、メロンパンの形に整える。

3 メロンパンの上の面を、歯ブラシで軽くたたき、ざらっとした質感を出す。

> 数時間から半日おきにひっくり返しながらかわかしてね。

4 ヘラを使って、あみ目状のみぞを作ったら、クッキングシートの上に置き、約2日かわかす。

5 おうど色の絵の具でうすく全体をぬり、かわかす。

> 水で軽くぬらし、水気を切った筆に、少し絵の具をつけて、みぞに筆を置くようにぬるよ。

6 あみ目状のみぞのところを茶色の絵の具でぬり、かわかす。

> さとうを作るよ！

7 白の絵の具と、絵の具の約2倍の量のベビーパウダーをまぜる。

8 ❼を筆でさっと❻の表面にぬり、かわかす。

＼ できた！／

やわらかそうなメロンパンのできあがり！

チョココロネ
材料・道具

○ ねんど…樹脂ねんど ○ 絵の具…水彩絵の具（おうど色、茶色、黒） ○ 紙パック…200 mLのものが使いやすい。なければ、古くなったクリアファイルを使ってもよい ○ はさみ ○ セロハンテープ ○ マスキングテープ ○ 油性ペン ○ ねんど板 ○ 計量スプーン…5 mL、1.25 mL ○ つまようじ ○ 定規 ○ パレット ○ 筆…平筆 ○ ジッパーつき袋…A8サイズが使いやすい ○ 木工用ボンド…絵の具とまぜて使う ○ 両面テープ ○ わりばし ○ ニス…工作用水性ニス ○ クッキングシート

作り方

1

チョココロネの型を作るよ！

紙パックを切って広げ、12 cmの正方形と対角線（点線部分）を油性ペンでかき、三角形に切る。

2

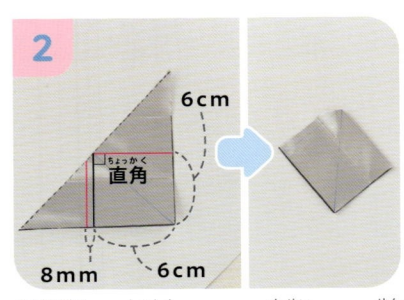

6 cm
直角
8 mm　6 cm

三角形に、写真のように油性ペンで線をかき、赤線のところを切る。

3

写真のように、はし（**2**の黒線部分）を山おりにする。

4

おったところが、内側にくるように丸め、セロハンテープでとめる。

5

計量スプーン5 mLのねんどに、おうど色の絵の具を少しまぜ、よくこねて丸める。

6

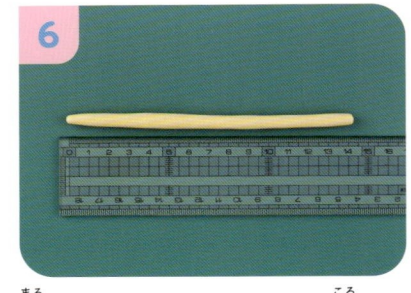

丸めたねんどを、てのひらで転がして、14 cmの細長い棒の形にする。

7

6のねんどを、**4**で作った型のはしから、写真のように巻きつけていく。

8

巻き終わりが下になるように置き、全体を軽くおして、底を平らにする。

9

数時間から半日おきにひっくり返しながらかわかしてね。

型からねんどをはずし、クッキングシートの上に置き、約2日かわかす。

10

おうど色と茶色の絵の具を用意する。

11

おうど色の絵の具で全体をぬり、かわかす。

おいしそうなパンの焼き色になるようにぬってね！

12

茶色の絵の具をぬり、かわかす。

チョコクリームの土台を作るよ。正確な量じゃなくても、チョココロネの穴に入れればOK！

13

計量スプーン1.25mLのねんどの半分の量を丸めて、先を少しとがらせる。

14
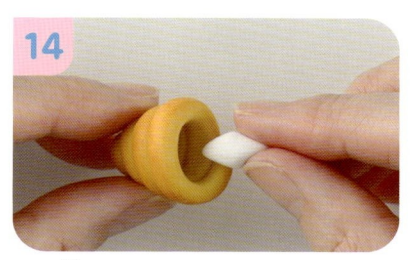
⓬の穴につめる。

チョコクリームを作るよ！

15

木工用ボンドに茶色と黒の絵の具をまぜ合わせる。

チョコクリームをしぼる袋を作るよ！

16
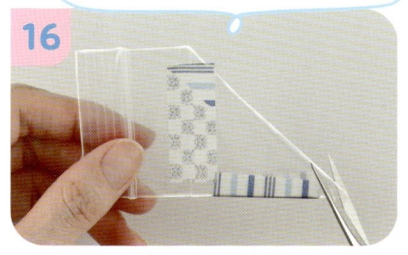
ジッパーつき袋を、写真のようにおってからマスキングテープでとめ、先を少し切る。

17

⓯を⓰のジッパーつき袋に入れて、⓮の土台の上にしぼる。約2日かわかす。

18

両面テープをはったわりばしに、⓱を固定し、ニスをぬる。約1日かわかしたら、わりばしから外す。

できた！

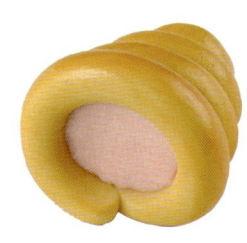

おいしそうなチョココロネのできあがり！

⓯で木工用ボンドに、赤と白の絵の具を少しまぜて、ピンクのクリームにすれば、イチゴコロネになるよ！

シナモンロール
材料・道具

○ ねんど…軽量樹脂ねんど　○ 絵の具…水彩絵の具（おうど色、茶色、白）　○ パステルクレヨン（こげ茶色）　○ ベビーパウダー　○ ねんど板　○ 計量スプーン…5mL　○ パレット　○ つまようじ　○ 定規　○ 歯ブラシ　○ ニス…工作用水性ニス　○ 筆…平筆　○ クッキングシート

作り方

1 計量スプーン5mLのねんどに、おうど色の絵の具を少しまぜ、よくこねて丸める。

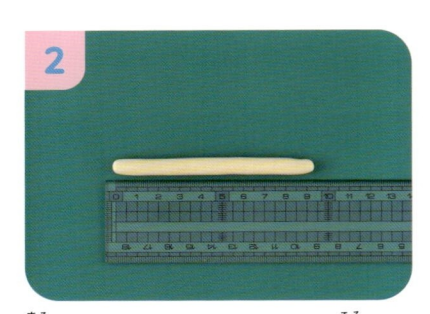

2 丸めたねんどを、てのひらで転がして、9cmの細長い棒の形にする。

3 定規で軽くおして、厚さ4mmにする。

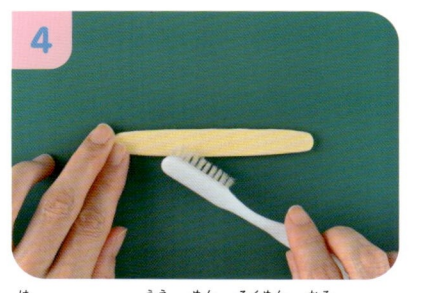

4 歯ブラシで、上の面と側面を軽くたたき、パンの質感を出す。

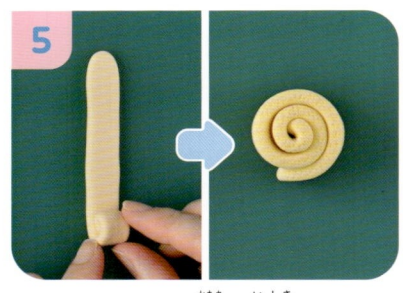

5 シナモンロールの形を意識しながら、軽く巻く。

6 つまようじを使って、ねんど同士を少しはなし、うず巻きにすきまを作る。

数時間から半日おきにひっくり返しながらかわかしてね。

7 写真のように、すきまができたら、クッキングシートの上に置き、約2日かわかす。

8 おうど色と茶色の絵の具を用意する。

9 おうど色の絵の具で全体をぬり、かわかす。

10 おいしそうなパンの焼き色になるようにぬってね！

茶色の絵の具をぬり、かわかす。

11

ニスを上の面にぬる。

12 シナモンを作るよ！

つまようじで、パステルクレヨンをけずる。

13

⓫のすきまにニスを足す。

14

ニスがかわく前に、つまようじで、⓬のパステルクレヨンをすきまにつめる。

15 クリーム状のペーストを作るよ。ニスの量は、1円玉よりやや大きめの円になるくらいを目安にしてね！

ニスと、ニスと同量のベビーパウダー、少量の白の絵の具をつまようじでよくまぜてペーストを作る。

16 シナモンロールに、ペーストをかけるよ！

⓯を、つまようじでうず巻きにそってのせ、半日かわかす。

\ できた！ /

ペーストがかわいたらできあがり！

ペーストのかけ方を変えたシナモンロールもおいしそうだね♪

アレンジ て へんしん！ 指輪とマグネット

接着剤ではるだけ。
好きな作品で
作ってみてね。

指輪
材料・道具

○ メロンパン（31ページ）と同じ　○ 指輪の台座…シャワーリングまたは丸皿つきリング。
手芸用品店などにある　○ 接着剤…素材に合わせたもの

1

メロンパンを1個作る。

2

1日ほどかわかすよ！

メロンパンの後ろに、接着剤をつけて
台座にはる。

できた！

接着剤がかわいたら
指輪のできあがり！

マグネット
材料・道具

○ チョココロネ（32ページ）とシナモンロール（34ページ）と同じ　○ マグネット
○ 接着剤…素材に合わせたもの

1

チョココロネとシナモンロールを1個
ずつ作る。

2

1日ほどかわかすよ！

チョココロネとシナモンロールの後ろ
に、接着剤をつけてマグネットにはる。

できた！

接着剤がかわいたら
マグネットのできあがり！

マグネットのかわ
りに画びょうをつ
ければ、パンの画
びょうになるよ！

くっついた！

型紙

この本で紹介している作品の型紙だよ！ コピーして使ってね。
うすい色のところはつまようじやストローを使ってつけるもようだよ。

● **まんまるボタン**
（8ページ）

まんまるボタンの型紙は、コピーしないで
コンパスを使って作ってもいいね。型紙の円は、
約2mmの厚さのねんどで、
くるみボタンパーツをつつめる、
おおよその大きさだよ。

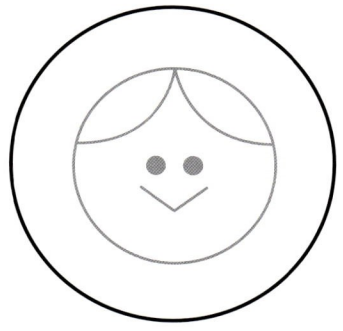

くるみボタンパーツ
直径27mm
型紙の直径
43mm

くるみボタンパーツ
直径18mm
型紙の直径
28mm

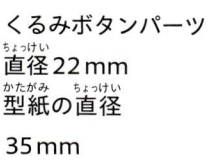

くるみボタンパーツ
直径22mm
型紙の直径
35mm

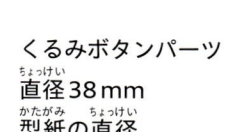

くるみボタンパーツ
直径38mm
型紙の直径
61mm

● **花のヘアゴム**
（10ページ）

● **花のパッチンピン**
（13ページ）

● **トリのはし置き**
（14ページ）

● **光る雲のお守り
キーホルダー**
（16ページ）

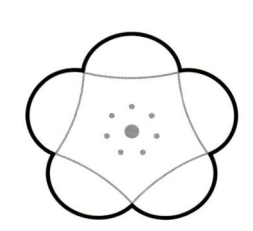
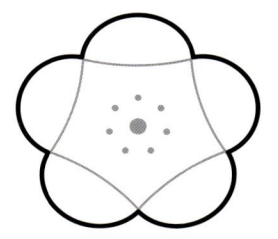

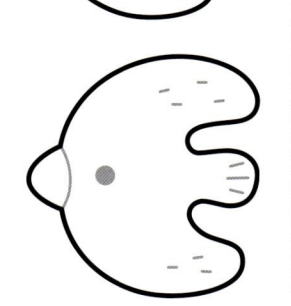

上の段は小さめ、下の段は大きめの型紙だよ。好きなほうを選んでね。

24ページのルームプレートだけでなく、イニシャルやメッセージを
作るときにも使ってね！ リボンやボールチェーンをつけたいときは、
ねんどがかわく前に、細いストローなどで穴を開けておくといいよ。

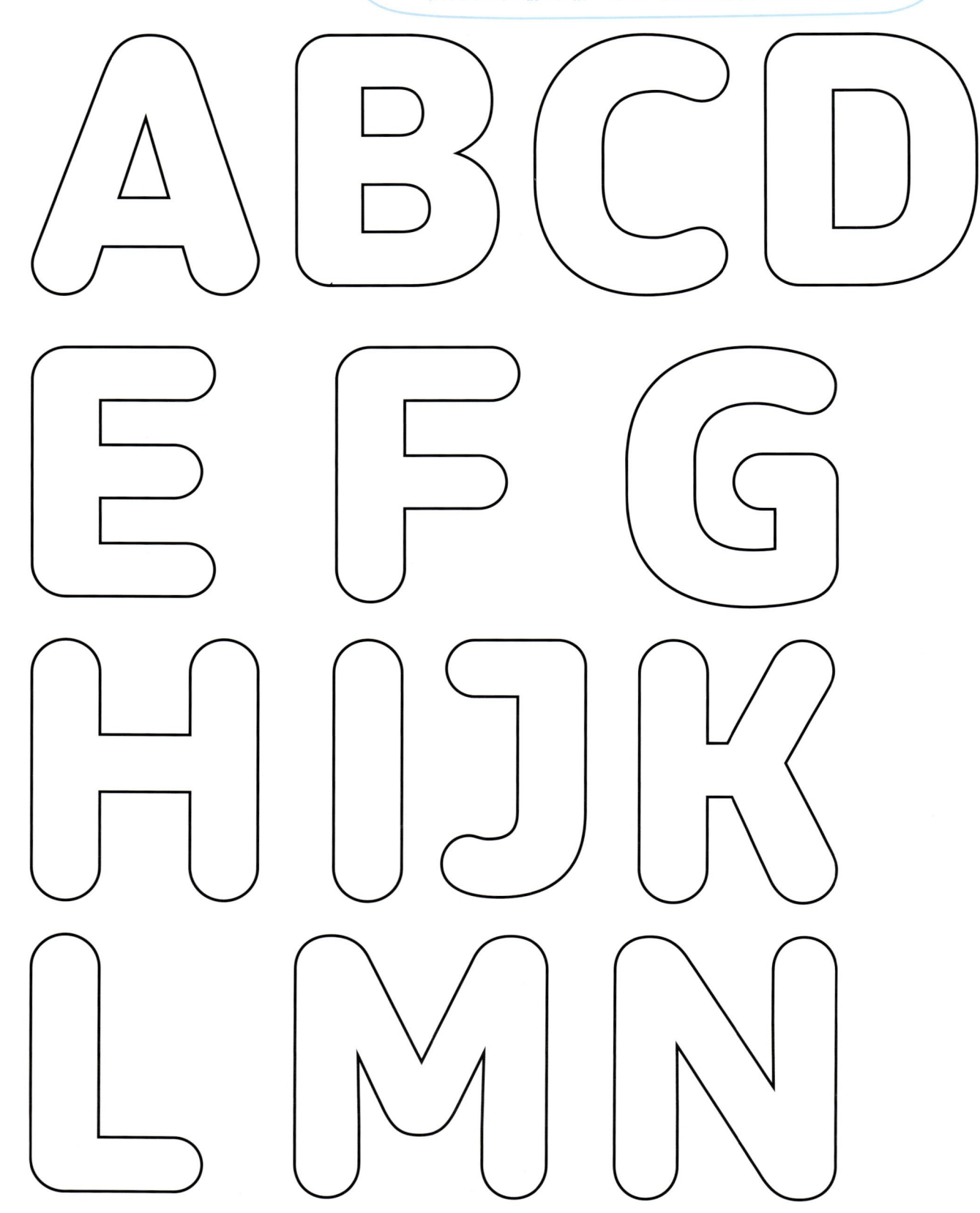

O P Q
R S T
U V W
X Y Z

作家

⭐ **ふじわらすずる** （p.8-18）

ねんど作家。北海道を中心にハンドメイドイベントや委託販売などを行っている。洋服にも和服にもつけられて、子どもから大人までさまざまな人に手にとってもらえる無国籍風デザインを意識して作品作りをしている。

⭐ **井上朋子**（いのうえともこ） （p.20-36）

関口真優クレイアートスタジオ講師。樹脂粘土を使った繊細で美しいミニチュアスイーツやミニチュアフードの作り方の講習を行いながら、丁寧に作ることで完成する、ものづくりの楽しさを伝える活動をしている。

編集・制作	株式会社アルバ		スタイリング	みつまともこ
協力	関口真優クレイアートスタジオ		デザイン	株式会社ミル
	金子史絵		DTP	Studio Porto
写真撮影	林 均		校正・校閲	株式会社ぷれす

かわいい！ がいっぱい
100円ショップではじめての手芸
④ ねんどでつくる

発行	2025年4月　第1刷
発行者	加藤裕樹
編集	小林真理菜
発行所	株式会社ポプラ社
	〒141-8210 東京都品川区西五反田3-5-8　JR目黒 MARC ビル12階
	ホームページ　www.poplar.co.jp（ポプラ社）／ kodomottolab.poplar.co.jp（こどもっとラボ）
印刷・製本	株式会社 C＆C プリンティングジャパン

あそびをもっと、
まなびをもっと。
?!
こどもっとラボ

100円ショップで はじめての手芸

全5巻

1 フェルト・羊毛フェルトでつくる

2 ビーズ・プラバン・レジンでつくる

3 布でつくる

4 ねんどでつくる

5 ゆびあみ でつくる

N.D.C.594

● 小学校中学年以上向き
● A4変型判
● 各39ページ
● オールカラー
● 図書館用特別堅牢製本図書

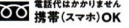